Nestlé
dessert

Moelleux, fondants et coulants

D1727376

hachette
CUISINE

Sommaire

Introduction

Un peu d'histoire

En 1971, naissance de la première tablette de chocolat noir à pâtisser Nestlé Dessert®, spécialement élaborée pour les gâteaux et les desserts. Dans son emballage original en papier kraft, cette délicieuse tablette devient tout de suite la référence dans l'univers du chocolat à pâtisser. C'est la tablette idéale pour réussir tous vos grands classiques.

À partir des années 2000, la famille Nestlé Dessert® s'agrandit. Huit nouvelles tablettes voient le jour pour des recettes au chocolat qui se déclinent à l'infini. Et, en 2019, l'incontournable tablette Nestlé Dessert® fait des petits… ou plutôt des pépites !

Un chocolat de qualité source d'inspiration

Pour faire de bons desserts, il faut du bon chocolat. Le chocolat Nestlé Dessert®, sous toutes ses formes, est un chocolat pur beurre de cacao, au goût équilibré et la fonte incomparable, produit à partir de fèves sélectionnées en Afrique de l'Ouest et/ou en Amérique du Sud pour leur richesse aromatique. Novices ou experts, pour réaliser des desserts au chocolat des plus simples aux plus élaborés, le chocolat Nestlé Dessert® sera votre plus bel allié. Donc, n'hésitez pas, multipliez les recettes et les moments de partage !

Découvrez l'ensemble de la gamme Nestlé Dessert® :

Nestlé Dessert® Noir : l'incontournable chocolat noir Nestlé Dessert®, aromatique et équilibré, à la fonte parfaite. Idéal pour réussir tous vos grands classiques.

Nestlé Dessert® Lait : un chocolat au lait au goût équilibré. Parfait pour partager en famille un moelleux au chocolat gourmand.

Nestlé Dessert® Noir Corsé : un chocolat noir, riche en arômes, intense et floral. Parfait pour réussir vos mousses au chocolat corsées.

Nestlé Dessert® Blanc : un chocolat blanc alliant la douceur du lait à de délicates notes vanille. Idéal pour une mousse au chocolat blanc savoureuse.

Nestlé Dessert® Caramel : un chocolat au lait onctueux associé à un caramel gourmand. Idéal pour des sauces au caramel épatantes !

Nestlé Dessert® Absolu : un chocolat noir puissant, fort de 70 % de cacao. Parfait pour des desserts de caractère.

Nestlé Dessert® Praliné : un chocolat au lait associé à des noisettes fraîchement torréfiées. Idéal pour réaliser une pâte à tartiner maison !

Nestlé Dessert® Amande : un chocolat blanc onctueux associé à la douceur de l'amande. Une tablette créative pour réussir de délicieux financiers.

Nestlé Dessert® Pépites : le bon goût et le fondant du chocolat Nestlé Dessert® Noir ou Lait dans des pépites. Pour des cookies et des muffins savoureux.

C'est fort en chocolat

Une variété de tablettes à pâtisser au fondant incomparable, pour un nombre infini de recettes.

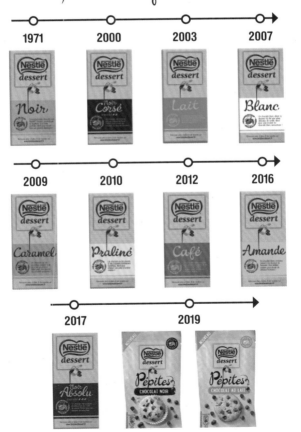

Fondants choco-menthe

préparation : 20 min | repos : 1 h | cuisson : 20 min | 4 fondants

85 g de Nestlé Dessert® Noir
85 g de Nestlé Dessert® Blanc
3 cuil. à soupe de lait
250 g de fromage frais
(type Philadelphia®)
40 g de sucre en poudre
2 œufs

5 gouttes d'huile essentielle
ou d'arôme de menthe

Matériel
Papier cuisson
Papier d'aluminium
4 cercles à pâtisserie

1 Faites fondre séparément le chocolat noir avec 2 cuil. à soupe de lait et le chocolat blanc avec 1 cuil. à soupe de lait au bain-marie.

2 Dans un saladier, fouettez énergiquement le fromage frais avec le sucre, puis ajoutez les œufs un par un, toujours en fouettant bien. Divisez la préparation en deux. Ajoutez le chocolat blanc et les gouttes de menthe dans l'une des moitiés et le chocolat noir dans l'autre.

3 Préchauffez le four à 140 °C (th. 4-5). Déposez un petit carré de papier cuisson sous chaque cercle et maintenez-le avec une feuille de papier d'aluminium qui remonte sur les parois extérieures du cercle. Disposez les cercles sur une plaque de four. Répartissez les pâtes en les alternant dans les cercles.

4 Enfournez 20 à 25 min. Le centre des cercles doit être à peine pris. Laissez tiédir pendant 1 h dans le four entrouvert puis réservez à couvert au frais. Sortez les fondants 20 min avant de déguster et démoulez-les.

Conseil : Pour accentuer le goût de la menthe, décorez chaque fondant de quelques feuilles fraîches avant de les servir.

Fondants au chocolat
sans beurre et sans lactose

préparation : 25 min | cuisson : 20 min | 4 fondants

110 g de Nestlé Dessert® Noir
50 g de sucre semoule
50 g de sucre roux
1 sachet de sucre vanillé
2 gros œufs
80 g de farine + pour les cercles

10 cl + 1 cuil. à soupe de crème
végétale (épeautre, avoine ou soja)
1 cuil. à soupe de margarine

Matériel
Batteur électrique
Râpe
Papier d'aluminium
Papier sulfurisé

1 Battez les sucres avec les œufs pendant 5 min au batteur électrique ou au robot jusqu'à obtenir un mélange pâle et bien épais.

2 Râpez 60 g de chocolat et hachez-en grossièrement 30 g au couteau (réservez le reste pour le nappage). Mélangez le chocolat avec la farine et incorporez le tout, délicatement, dans la préparation aux œufs. Incorporez enfin 10 cl de crème végétale.

3 Préchauffez le four à 200 °C (th. 6-7). Badigeonnez les cercles de margarine et saupoudrez-les de farine. Déposez un carré de papier sulfurisé sous chaque cercle et maintenez-le avec une feuille d'aluminium qui remonte sur la paroi extérieure du cercle. Placez sur une feuille de papier sulfurisé posée sur une plaque de four. Répartissez la pâte dans les cercles et enfournez 20 min. Attention en sortant les cercles du four ; ils sont chauds et le restent encore une dizaine de minutes hors du four.

4 Démoulez et laissez tiédir sur une grille. Pendant ce temps, faites fondre le chocolat restant (20 g) avec la cuillerée de crème au bain-marie ou au four à micro-ondes. Fabriquez un cornet avec une petite feuille de papier sulfurisé, versez-y le chocolat fondu et décorez les gâteaux à votre goût. Servez tiède ou à température ambiante.

Fondants chocolat noir corsé et framboises

préparation : 20 min | réfrigération : 1 h | cuisson : 15 à 20 min | 4 fondants

100 g de chocolat Nestlé Dessert®
Noir Corsé
90 g de beurre mou
+ pour les cercles
3 œufs
100 g de sucre semoule
25 g farine + pour les cercles
15 g de fécule de maïs

125 g de framboises
2 cuil. à soupe de sucre glace
1 pincée de sel

Matériel

Batteur électrique
Papier sulfurisé
4 cercles à pâtisserie

---

1 Faites fondre le chocolat Noir Corsé au bain-marie. Laissez-le un peu tiédir hors du feu, puis ajoutez le beurre en morceaux.

2 Dans un saladier, battez les œufs avec le sucre jusqu'à obtenir un mélange pâle et épais. Ajoutez-y le chocolat fondu puis la farine tamisée avec la fécule de maïs et la pincée de sel. Placez au frais 1 h.

3 Préchauffez le four à 190 °C (th. 6). Badigeonnez les cercles de beurre et saupoudrez-les de farine. Déposez-les sur une toile de cuisson ou une feuille de papier sulfurisé posée sur une plaque de four. Répartissez la pâte dans les cercles puis enfoncez 3 framboises dans chaque cercle. Enfournez 15 à 20 min. Attention en sortant les cercles du four ; ils sont chauds et le restent encore une dizaine de minutes hors du four. Laissez refroidir sur une grille, démoulez quelques minutes après la sortie du four.

4 Détaillez les framboises restantes en lamelles et disposez-en 3 au sommet de chaque gâteau. Saupoudrez de sucre glace. Servez tiède ou à température ambiante.

Fondants chocolat au lait et pêches

préparation : 30 min | réfrigération : 1 h | cuisson : 15 à 20 min | 4 fondants

100 g de Nestlé Dessert® Lait
60 g de beurre + pour les cercles
2 œufs
50 g de sucre
30 g de farine + pour les cercles
6 demi-pêches au sirop

4 cuil. à soupe d'amandes effilées

Matériel

Batteur électrique
Papier sulfurisé
4 cercles à pâtisserie

_____

1 Faites fondre le chocolat avec le beurre au bain-marie ou au four à micro-ondes. Laissez tiédir.

2 Dans un saladier, battez les œufs avec le sucre jusqu'à ce que le mélange blanchisse. Ajoutez le chocolat fondu puis la farine. Réservez la préparation au froid pendant 1 h.

3 Préchauffez le four à 190 °C (th. 6). Badigeonnez les cercles de beurre et saupoudrez-les de farine. Déposez-les sur une toile de cuisson ou une feuille de papier sulfurisé posée sur une plaque de four. Découpez les demi-pêche en fines tranches. Déposez une couche de lamelles de pêche au fond de chaque cercle, recouvrez d'une couche de pâte, déposez une nouvelle couche de lamelles de pêche et terminez par une couche de pâte. Enfournez 15 à 20 min. Attention en sortant les cercles du four ; ils sont chauds et le restent encore une dizaine de minutes hors du four.

4 Pendant la cuisson, versez les amandes effilées dans une poêle et faites-les griller à sec. Réservez dans une assiette.

5 Démoulez les fondants, retournez-les de façon à ce que les pêches se retrouvent au-dessus et laissez refroidir sur une grille. Dégustez tiède ou froid, parsemé d'amandes effilées grillées.

Variante : Vous pouvez remplacer le Nestlé Dessert® Lait par la même quantité de Nestlé Dessert® Caramel.

Fondants au chocolat praliné sans œuf

préparation : 15 min | réfrigération : 1 h | cuisson : 20 min | 4 fondants

100 g de Nestlé Dessert® Praliné
150 g de tofu soyeux
2 cuil. à soupe de crème végétale
(soja, épeautre ou avoine)
50 g de sucre roux
80 g de farine + pour les cercles
1/2 sachet de levure chimique

Margarine pour les cercles

Matériel
Batteur électrique
Papier sulfurisé
4 cercles à pâtisserie

1 Faites fondre le chocolat praliné au bain-marie.

2 Battez le tofu, la crème et le sucre au fouet électrique. Quand le mélange est bien lisse, ajoutez le chocolat fondu et continuez à battre 2 à 3 min. Ajoutez enfin la farine tamisée avec la levure et mélangez. Placez au frais 1 h.

3 Préchauffez le four à 175 °C (th. 5-6). Badigeonnez les cercles de margarine et saupoudrez-les de farine. Déposez-les sur une toile de cuisson ou une feuille de papier sulfurisé posée sur une plaque de four. Répartissez la pâte dans les cercles et enfournez 20 min. Attention en sortant les cercles du four ; ils sont chauds et le restent encore une dizaine de minutes hors du four.

4 Démoulez et laissez tiédir sur une grille. Dégustez tiède ou à température ambiante.

Conseil : Incorporez le zeste râpé de 2 clémentines non traitées dans la pâte.

Fondants au chocolat blanc et spéculoos

préparation : 25 min | réfrigération : 1 h | cuisson : 20 min | 4 fondants

140 g de Nestlé Dessert® Blanc
50 g de beurre + pour les cercles
2 gros œufs
30 g de sucre blond
60 g de yaourt
40 g de spéculoos + pour les cercles
30 g de farine tamisée

2 cl de crème liquide
1 pincée de sel

Matériel
Batteur électrique
Papier sulfurisé
4 cercles à pâtisserie

1 Faites fondre 110 g de chocolat avec le beurre, au bain-marie ou au four à micro-ondes. Réduisez les spéculoos en poudre.

2 Dans un saladier, battez les œufs avec le sucre jusqu'à obtenir un mélange bien mousseux. Ajoutez, l'un après l'autre, le chocolat blanc fondu, le yaourt, la poudre de spéculoos (conservez-en un petit peu pour en saupoudrez les cercles) et la farine tamisée avec la pincée de sel. Placez au frais 1 h.

3 Préchauffez le four à 180 °C (th. 6). Badigeonnez les cercles de beurre et saupoudrez-les de poudre de spéculoos. Déposez-les sur une toile de cuisson ou une feuille de papier sulfurisé posée sur une plaque de four. Répartissez la pâte dans les cercles. Enfournez 20 min. Attention en sortant les cercles du four ; ils sont chauds et le restent encore une dizaine de minutes hors du four. Laissez refroidir sur une grille, démoulez quelques minutes après la sortie du four.

4 Faites fondre le reste de chocolat avec la crème au bain-marie. Versez le chocolat blanc fondu en filet sur les fondants. Servez tiède ou à température ambiante.

Moelleux chocolat noir, cœur passion

préparation : 20 min | réfrigération/congélation : 1 h/3 h | cuisson : 10 min | 4 fondants

140 g de Nestlé Dessert® Noir Corsé
8 à 10 cl de coulis passion épais (ou de nappage mangue-passion)
60 g de beurre mou + pour les cercles
60 g de sucre

3 œufs
35 g de farine + pour les cercles

Matériel

Moules à glaçons d'environ 2 cl
Batteur électrique
Papier sulfurisé
4 cercles à pâtisserie

1 Répartissez le coulis dans 4 moules à glaçons. Réservez au congélateur pendant 3 h. Faites fondre le chocolat au bain-marie.

2 Séparez les blancs des jaunes d'œufs. Battez le beurre avec le sucre jusqu'à obtenir un mélange épais et pâle. Ajoutez les jaunes d'œufs un à un, puis le chocolat fondu et la farine. Terminez en incorporant délicatement les blancs montés en neige. Placez au frais 1 h.

3 Préchauffez le four à 200 °C (th. 6-7). Beurrez les cercles et saupoudrez-les de farine. Déposez-les sur une toile de cuisson ou une feuille de papier sulfurisé posée sur une plaque de four. Répartissez la moitié de la pâte dans les cercles. Glissez un glaçon de coulis au centre de chaque cercle et recouvrez-les du reste de pâte. Enfournez 10 min. Laissez dans le four éteint pendant 2 à 3 min avant de sortir du four. Attention en sortant les cercles du four ; ils sont chauds et le restent encore une dizaine de minutes hors du four.

4 Démoulez délicatement et servez tiède, à température ambiante ou froid.

Moelleux marbrés chocolat noir corsé, chocolat blanc et orange

préparation : 20 min | réfrigération : 1 h | cuisson : 30 min | 4 moelleux

1 Râpez l'orange et pressez-en le jus. Faites fondre séparément le chocolat Noir Corsé avec la crème et le chocolat blanc avec 3 cuil. à soupe de jus d'orange, au bain-marie ou au four à micro-ondes.

2 Battez le beurre avec le sucre glace jusqu'à obtenir une crème. Ajoutez les œufs un à un puis la poudre d'amandes en battant bien après chaque ajout. Incorporez enfin la farine tamisée avec la levure chimique.

3 Séparez la pâte en deux parties légèrement inégales. Versez le chocolat noir dans la partie de pâte la moins importante et le chocolat blanc dans l'autre. Mélangez. Réservez les pâtes au froid pendant 1 h.

4 Préchauffez le four à 160 °C (th. 5). Beurrez les cercles et saupoudrez-les de farine. Déposez-les sur une toile de cuisson ou une feuille de papier sulfurisé posée sur une plaque de four. Répartissez les deux pâtes en les alternant dans les cercles et enfournez 30 min. Vérifiez la cuisson en piquant une lame de couteau dans un gâteau. Elle doit ressortir sèche. Attention en sortant les cercles du four ; ils sont chauds et le restent encore une dizaine de minutes hors du four.

50 g Nestlé Dessert® Noir Corsé
75 g Nestlé Dessert® Blanc
1 petite orange non traitée
40 g de crème fraîche épaisse
75 g de beurre mou
+ pour les cercles
90 g de sucre glace
2 œufs
70 g de poudre d'amandes
70 g de farine+ pour les cercles

1 petite cuil. à café
de levure chimique
4 cuil. à soupe
de marmelade d'orange

Matériel

Presse-agrumes
Batteur électrique
Papier sulfurisé
Passoire
4 cercles à pâtisserie

5 Laissez tiédir sur une grille, démoulez après environ 10 min. Faites chauffer la marmelade, filtrez-la et badigeonnez-en le dessus des gâteaux. Dégustez à température ambiante ou à peine tiédi.

Moelleux au chocolat praliné
toute vapeur

préparation : 15 min | cuisson : 1 h 20 | 4 moelleux

60 g de Nestlé Dessert® Praliné
2 œufs
50 g beurre mou
70 g sucre roux
100 g de yaourt
35 g poudre de noisettes
70 g de farine
1 cuil. à café de levure chimique

Matériel

Batteur électrique
Panier vapeur
Papier cuisson
Film alimentaire
Cuit-vapeur
4 cercles à pâtisserie

1 Séparez les blancs des jaunes d'œufs. Montez les blancs en neige. Coupez le chocolat praliné en pépites à l'aide d'un couteau.

2 Dans un saladier, battez le beurre et le sucre jusqu'à obtenir une crème. Ajoutez les jaunes d'œufs un à un, puis le yaourt, la poudre de noisettes et la farine tamisée avec la levure. Incorporez délicatement les blancs montés en neige et les pépites de chocolat praliné.

3 Déposez une feuille de film alimentaire et 4 petits carrés de papier cuisson dans un panier vapeur plat. Déposez les cercles sur les carrés. Répartissez la pâte dans les cercles, relevez la feuille de film alimentaire par-dessus les cercles de façon à les enfermer hermétiquement. Faites cuire à la vapeur pendant environ 1 h 20. Le centre des moelleux doit être bombé. Attention en sortant les cercles du panier vapeur, ils sont chauds et le restent encore une dizaine de minutes hors du four.

4 Servez les gâteaux tièdes.

Conseil : Pour des moelleux encore plus gourmands, servez-les nappés d'une crème au chocolat.

Moelleux amandes, chocolat blanc et framboises

préparation : 20 min | réfrigération : 1 h | cuisson : 20 min | 4 moelleux

100 g de Nestlé Dessert® Blanc
8 cl de lait d'amande
40 g de pâte d'amande
35 g de sucre
2 gros œufs
50 g de beurre mou+ pour les cercles
70 g de farine + pour les cercles

1 pincée de levure chimique
12 framboises

Matériel
Batteur électrique
Film alimentaire
4 cercles à pâtisserie

1 Faites fondre le chocolat avec le lait au four à micro-ondes. Laissez tiédir.

2 Séparez les blancs des jaunes d'œufs. Montez les blancs en neige avec 15 g de sucre.

3 Dans un saladier, travaillez la pâte d'amande avec 20 g de sucre, puis ajoutez les jaunes d'œufs. Fouettez bien jusqu'à obtenir une pâte homogène et légère. Ajoutez, en mélangeant à chaque ajout, le chocolat fondu, le beurre, la farine tamisée avec la levure et les blancs en neige. Placez 1 h au frais.

4 Préchauffez le four à 180 °C (th. 6). Badigeonnez les cercles de beurre et saupoudrez-les de farine. Déposez-les sur une toile de cuisson ou une feuille de papier sulfurisé posée sur une plaque de four. Répartissez la pâte dans les cercles. Enfoncez 3 framboises dans chaque cercle. Enfournez 20 min. Attention en sortant les cercles du four ; ils sont chauds et le restent encore une dizaine de minutes hors du four. Laissez refroidir sur une grille, démoulez quelques minutes après la sortie du four.

Moelleux
au chocolat blanc,
thym et citron

préparation : 25 min | réfrigération : 1 h | cuisson : 20 min | 4 moelleux

1 Dans une casserole, faites cuire le beurre à feu assez vif jusqu'à ce qu'il soit bien ambré et dégage une bonne odeur caramélisée. Retirez du feu et ajoutez le chocolat coupé en petits morceaux. Mélangez pour le faire fondre. Ajoutez le thym, le yaourt, le zeste et le jus du citron.

2 Montez les blancs d'œufs en neige. Quand ils sont bien mousseux, ajoutez le sucre et continuez à battre jusqu'à obtenir un mélange bien brillant. Incorporez la farine tamisée avec la levure, la fécule et une pincée de sel en alternant avec la préparation au chocolat. Réservez la préparation au froid pendant 1 h.

3 Préchauffez le four à 180 °C (th. 6). Beurrez les cercles et saupoudrez-les de sucre. Déposez-les sur une toile de cuisson ou une feuille de papier sulfurisé posée sur une plaque de four. Répartissez la pâte dans les cercles et enfournez 15 à 20 min. Attention en sortant les cercles du four ; ils sont chauds et le restent encore une dizaine de minutes hors du four. Démoulez et laissez refroidir sur une grille.

4 Pendant la cuisson des moelleux, faites fondre le chocolat blanc et le mascarpone au bain-marie. Réservez le mélange au froid.

Pour les gâteaux
50 g de Nestlé Dessert® Blanc
50 g de beurre
1 cuil. à café de thym frais
80 g de yaourt brassé
1 citron non traité
2 blancs d'œufs
45 g de sucre + pour les cercles
30 g de farine
1 pincée de levure chimique
10 g de fécule de maïs

1 pincée de sel
Quelques fruits rouges

Pour la crème (topping)
30 g de Nestlé Dessert® Blanc
60 g de mascarpone

Matériel

Batteur électrique
Papier sulfurisé
4 cercles à pâtisserie

5 Quand les gâteaux ont refroidi, décorez-les avec la crème et quelques fruits rouges.

Moelleux pommes, chocolat caramel

préparation : 30 min | repos : 30 min | réfrigération : 1 h |
| cuisson : 20 min | 4 mœlleux

1 Préparez les gâteaux. Faites fondre le chocolat avec la compote, au four à micro-ondes ou au bain-marie. Épluchez la pomme, évidez-la et râpez-la. Ajoutez la pomme râpée dans le chocolat fondu.

2 Séparez les blancs des jaunes d'œufs. Montez les blancs en neige, en ajoutant 10 g de sucre à la fin. Battez les jaunes avec 30 g de sucre jusqu'à obtenir un mélange pâteux et épais. Ajoutez ensuite, l'un après l'autre, le chocolat fondu, le beurre en morceaux, la poudre d'amandes, la fécule de maïs, le sel et les blancs montés en neige. Placez au frais 1 h.

3 Préchauffez le four à 180 °C (th. 6). Beurrez les cercles et saupoudrez-les de fécule de maïs. Déposez-les sur une toile de cuisson ou une feuille de papier sulfurisé posée sur une plaque de four. Versez les pâtes dans les cercles et faites cuire au four pendant environ 20 min. Attention en sortant les cercles du four ; ils sont chauds et le restent encore une dizaine de minutes hors du four. Laissez refroidir avant de démouler.

Pour les gâteaux

90 g de Nestlé Dessert® Caramel
90 g de compote de pommes
1 petite pomme
2 œufs
40 g de sucre roux
30 g de beurre mou
+ pour les cercles
40 g de poudre d'amandes
15 g de fécule de maïs
+ pour les cercles
1 pincée de sel

Pour le nappage

60 g de Nestlé Dessert® Caramel
30 g de crème épaisse
10 g de beurre

Matériel

Râpe
Batteur électrique
Papier sulfurisé
4 cercles à pâtisserie

4 Préparez le nappage. Faites fondre le chocolat avec la crème. Ajoutez le beurre. Mélangez bien et décorez-en les gâteaux. Dégustez les moelleux tièdes ou réservez-les au froid. Dans ce dernier cas, faites-les tiédir légèrement avant de les servir.

Cœurs coulants
au gingembre

préparation : 20 min | cuisson : 7 min | 4 coulants

1 Faites fondre le chocolat noir au bain-marie. Ajoutez-y le beurre et mélangez bien.

2 Séparez les blancs des jaunes d'œufs. Fouettez longuement les jaunes avec 40 g de sucre et 2 cuil. à soupe d'eau bouillante à l'aide d'un robot. Quand le mélange est pâle et bien épais, ajoutez le chocolat fondu et fouettez à nouveau jusqu'à ce qu'il soit bien incorporé.

3 Montez les blancs en neige, versez le reste de sucre et le sucre vanillé en fin de montage puis incorporez-les délicatement dans la préparation au chocolat.

4 Épluchez et râpez finement le gingembre. Mélangez doucement avec 4 généreuses cuillerées à soupe de préparation au chocolat. Incorporez la fécule de maïs dans le reste de la préparation au chocolat.

5 Préchauffez le four à 210 °C (th. 7). Beurrez les cercles et saupoudrez-les de fécule de maïs. Déposez-les sur une toile de cuisson ou une feuille de papier sulfurisé posée sur une plaque de four.

90 g de Nestlé Dessert® Noir
50 g beurre mou + pour les cercles
2 œufs
55 g sucre en poudre
1 sachet de sucre vanillé
10 g de gingembre frais
(1 cuil. à café râpé)
20 g de fécule de maïs
+ pour les cercles

Matériel
Robot
Batteur électrique
Râpe
Papier sulfurisé
4 cercles à pâtisserie

6 Déposez un fond de pâte sans gingembre dans chacun des cercles. Versez au centre la pâte au gingembre et recouvrez avec le reste de pâte sans gingembre. Faites cuire environ 7 min. Attention en sortant les cercles du four; ils sont chauds et le restent encore une dizaine de minutes hors du four. Démoulez délicatement et servez rapidement.

Mi-cuits
au chocolat
et piment d'Espelette

préparation : 20 min | réfrigération : 1 h | cuisson : 15 à 20 min | 4 coulants

1 Faites fondre le chocolat avec le beurre au bain-marie. Laissez tiédir hors du feu.

2 Pendant ce temps, battez les jaunes d'œufs avec 40 g de sucre, le sucre vanillé et 1 cuil. à soupe d'eau, au bain-marie, pendant 5 min. Retirez du feu et battez encore pendant 5 min, puis incorporez le chocolat toujours en battant.

3 Montez les blancs d'œufs en neige. Ajoutez le reste de sucre en fin de montage (10 g). Incorporez délicatement les blancs en neige dans la préparation au chocolat. Prélevez deux tiers de la préparation et ajoutez-y la farine tamisée. Ajoutez le piment d'Espelette dans le dernier tiers de préparation. Placez au frais 1 h.

4 Préchauffez le four à 160 °C (th. 5). Beurrez les cercles et saupoudrez-les de farine. Déposez-les sur une toile de cuisson posée ou une feuille de papier sulfurisé sur une plaque de four. Répartissez la pâte dans les 4 cercles. Enfournez 15 à 20 min. Démoulez délicatement et laissez refroidir sur grille. Attention en sortant les cercles du four ; ils sont chauds et le restent encore une dizaine de minutes hors du four.

100 g de Nestlé Dessert® Noir
70 g de beurre
+ pour les cercles
2 petits jaunes d'œufs
50 g de sucre
1 sachet de sucre vanillé
3 blancs d'œufs
25 g de farine + pour les cercles

1/2 cuil. à café
de piment d'Espelette
Sucre glace pour le décor

Matériel

Batteur électrique
Papier sulfurisé
4 cercles à pâtisserie

5 Coupez les gâteaux en deux, à mi-hauteur. Garnissez les moitiés inférieures des gâteaux de mousse au piment réservée, puis recouvrez-les avec les moitiés supérieures. Dégustez aussitôt ou réservez au frais. Saupoudrez de sucre glace au moment de servir.

Gâteaux au chocolat
cœur coulant blanc

préparation : 20 min │congélation/ réfrigération : 3 h/1 h │ cuisson : 8 à 12 min │ 4 coulants

Pour les cœurs
50 g de Nestlé Dessert® Blanc
70 g de crème liquide

Pour la pâte
85 g Nestlé Dessert® Noir
60 g de beurre mou
+ pour les cercles
85 g de sucre

2 gros œufs
40 g de farine
+ pour les cercles

Matériel
Moules à glaçons
Batteur électrique
Papier sulfurisé
4 cercles à pâtisserie

1 Faites fondre le chocolat blanc dans la crème au four à micro-ondes puis remplissez-en 4 gros moules à glaçons. Placez au congélateur pendant au moins 3 h.

2 Faites fondre le chocolat noir au bain-marie puis incorporez le beurre. Mélangez bien. Dans un saladier, battez le sucre avec les œufs jusqu'à obtenir un mélange pâle et épais. Incorporez alors le chocolat fondu puis la farine. Placez au frais 1 h.

3 Préchauffez le four à 210 °C (th. 7). Beurrez les cercles et saupoudrez-les de farine. Déposez-les sur une toile de cuisson ou une feuille de papier sulfurisé posée sur une plaque de four.

4 Répartissez la moitié de la pâte dans les cercles. Glissez un glaçon au centre de chaque cercle et recouvrez du reste de pâte. Enfournez 8 à 12 min (8 min pour un double cœur coulant chocolat noir et chocolat blanc ou 12 min pour un moelleux chocolat noir au cœur coulant chocolat blanc). Attention en sortant les cercles du four ; ils sont chauds et le restent encore une dizaine de minutes hors du four. Démoulez délicatement et servez tiède, à température ambiante ou froid.

Conseil : Si vous ne disposez que de petits bacs à glaçons, glissez 2 petits glaçons au centre de chaque cercle.

Cœurs coulants au chocolat praliné et abricots

préparation : 20 min | congélation : 3 h | cuisson : 15 à 20 min | 4 coulants

Pour les cœurs
30 g Nestlé Dessert® Blanc
80 g de coulis d'abricot (sucré)
Pour la pâte
115 g de Nestlé Dessert® Praliné
90 g de beurre + pour les cercles
2 gros œufs
70 g de sucre
40 g de poudre de noisettes

35 g de farine + pour les cercles
1 pincée de sel

Matériel
Moules à glaçons
Batteur électrique
Papier cuisson
Papier d'aluminium
4 cercles à pâtisserie

1 Faites fondre le chocolat blanc dans le coulis d'abricot et répartissez la préparation dans 4 moules à glaçons. Réservez au congélateur pendant 3 h.

2 Faites fondre le chocolat praliné et le beurre en morceaux, au bain-marie ou au four à micro-ondes, puis laissez tiédir.

3 Dans un saladier, battez les œufs avec le sucre jusqu'à obtenir un mélange bien crémeux. Ajoutez le chocolat fondu puis la poudre de noisettes. Mélangez bien après chaque ajout. Incorporez la farine tamisée avec la pincée de sel.

4 Préchauffez le four à 190 °C (th. 6). Beurrez les cercles et saupoudrez-les de farine. Déposez un petit carré de papier cuisson sous chaque cercle et maintenez-le avec une feuille de papier d'aluminium qui remonte sur les parois extérieures du cercle. Disposez les cercles sur une plaque de cuisson.

5 Répartissez la pâte dans les cercles, insérez un glaçon dans chacun et enfournez 15 à 20 min. Le centre des gâteaux doit être à peine pris. Attention en sortant les cercles du four ; ils sont chauds et le restent encore une dizaine de minutes. Servez tiède ou froid.

Mini-cakes
au chocolat blanc,
cœur cerise

préparation : 30 min | congélation : 2 h | cuisson : 15 à 20 min | 4 mini-cakes

Pour les cœurs
60 g de cerises dénoyautées
25 g de confiture de cerises
1 pincée de fécule de maïs
10 g de beurre

Pour les cakes
80 g de Nestlé Dessert® Blanc
60 g beurre + pour les cercles
40 g de sucre glace
2 œufs
90 g de yaourt

70 g de farine + pourles cercles
1 pincée de levure chimique
1 sachet de sucre vanillé
10 g de miel de châtaignier

Matériel
Mixeur
Moules à glaçons
Batteur électrique
Papier sulfurisé
4 cercles à pâtisserie

---

1 Mixez les cerises avec la confiture et la fécule de maïs. Faites chauffer en remuant jusqu'à épaississement. Ajoutez le beurre. Remplissez 4 gros moules à glaçons. Réservez au congélateur pendant 2 h.

2 Coupez le chocolat blanc en pépites à l'aide d'un couteau. Séparez les blancs des jaunes d'œufs. Dans un saladier, battez le beurre avec le sucre glace jusqu'à obtenir une crème. Ajoutez alors les jaunes d'œufs un par un, puis le yaourt et enfin la farine tamisée avec la levure. Montez les blancs en neige, puis versez le sucre vanillé et le miel en fin de montage. Incorporez-les délicatement à la pâte puis ajoutez les pépites de chocolat blanc. Placez au frais 1 h.

3 Préchauffez le four à 200 °C (th. 6-7). Beurrez les cercles et saupoudrez-les de farine. Déposez un carré de papier cuisson sous chaque cercle et maintenez-le avec du papier d'aluminium. PLacez sur une toile de cuisson ou une feuille de papier sulfurisé posée sur une plaque de four. Répartissez la moitié de la pâte dans les cercles. Glissez au centre de chacun un glaçon de cerises et recouvrez du reste de pâte. Enfournez 15 à 20 min. Attention en sortant les cercles du four ; ils sont chauds et le restent encore une dizaine de minutes hors du four.

Gâteaux pommes-cannelle-coco, cœur fondant chocolat caramel

préparation : 30 min | congélation : 2 h | réfrigération : 1 h |
cuisson : 15 à 20 min | 4 mini-cakes

1 Faites fondre le chocolat avec la crème au bain-marie ou au four à micro-ondes. Versez-le dans 4 gros moules à glaçons et réservez au congélateur pendant 2 h.

2 Épluchez la pomme, évidez-la, puis découpez-la en petits cubes. Mélangez-les avec 1 cuil. à soupe de farine. Faites fondre le beurre.

3 Battez les œufs avec le sucre jusqu'à obtenir un mélange épais. Ajoutez le beurre fondu, puis la noix de coco, la cannelle, le reste de la farine avec la levure et les cubes de pomme. Placez au frais 1 h.

4 Préchauffez le four à 180 °C (th. 6). Beurrez les cercles et saupoudrez-les de farine. Déposez un carré de papier cuisson sous chaque cercle et maintenez-le avec du papier d'aluminium. Placez une feuille de papier sulfurisé posée sur une plaque de four. Répartissez la moitié de la pâte dans les 4 cercles. Glissez un glaçon dans chaque et recouvrez du reste de pâte. Enfournez 20 min. Attention en sortant les cercles du four ; ils sont chauds et le restent encore une dizaine de minutes hors du four. Servez tiède ou froid. Démoulez et laissez refroidir sur grille.

Pour les cœurs
60 g de Nestlé Dessert® Caramel
30 g de crème fraîche épaisse

Pour les gâteaux
1 petite pomme (à compote)
35 g de farine + pour les cercles
1 pincée de levure chimique
70 g de beurre + pour les cercles
3 gros œufs
80 g de sucre blond

30 g de noix de coco râpée
1/2 cuil. à café de cannelle

Pour le décor
30 g Nestlé Dessert® Caramel
2 cuil. à soupe
de noix de coco râpée

Matériel
Moules à glaçons
Batteur électrique
Papier sulfurisé
4 cercles à pâtisserie

5 Saupoudrez de copeaux de chocolat, réalisés avec un économe, et de noix de coco. Dégustez tiède ou à température ambiante.

Ce livre a été imprimé avec l'autorisation
de la Société des Produits Nestlé S.A.S Vevey,
titulaire de la marque Nestlé Dessert®

L'éditeur remercie NESTLÉ FRANCE pour sa collaboration.

© 2019, Hachette Livre (Hachette Pratique).
58, rue Jean Bleuzen – 92178 Vanves Cedex

® Ref. Trademark of Société des Produits Nestlé S.A

Tous les ustensiles de coffret sont adaptés au contact alimentaire.
Les cercles passent au four jusqu'à 220 °C (th. 7). Les cercles
ne passent pas au lave-vaisselle. Laver soigneusement avant et
après chaque utilisation. Accessoires importés et commercialisés
par Hachette Livre. Pour plus d'informations sur les ustensiles
de cuisine, contacter Hachette Livre.

Direction : Catherine Saunier-Talec
Responsable artistique : Antoine Béon
Responsable éditoriale : Céline Le Lamer
Responsable de projet : Anne Vallet
Textes et photographies : S'Cuiz in
Réalisation intérieure : Claire Rouyer
Fabrication : Amélie Latsch

Dépôt légal : octobre 2019
58-2841-1/02
ISBN : 978-2-01-396444-9
Imprimé en Chine par Creative en octobre 2020